上海市工程建设规范

公交场站规划用地及建设标准

Standards for bus terminus planning land and interchange constructicn

DG/TJ 08—2057—2020

J 11467—2020

主编单位:上海城市交通设计院有限公司
上海市城市规划设计研究院
批准部门:上海市住房和城乡建设管理委员会
施行日期:2021 年 3 月 1 日

同济大学出版社

2020 上海

图书在版编目(CIP)数据

公交场站规划用地及建设标准/上海城市交通设计院有限公司，上海市城市规划设计研究院主编. —上海：同济大学出版社，2020.12

ISBN 978-7-5608-9554-3

Ⅰ. ①公… Ⅱ. ①上… ②上… Ⅲ. ①城市交通—交通运输中心—建筑设计—设计标准—上海 Ⅳ. ①U491.1-65

中国版本图书馆 CIP 数据核字(2020)第 205237 号

公交场站规划用地及建设标准

上海城市交通设计院有限公司
上海市城市规划设计研究院　主编

策划编辑　张平官
责任编辑　朱　勇
责任校对　徐春莲
封面设计　陈益平

出版发行　同济大学出版社　www.tongjipress.com.cn
（地址：上海市四平路 1239 号　邮编：200092　电话：021-65985622）
经　　销　全国各地新华书店
印　　刷　浦江求真印务有限公司
开　　本　889mm×1194mm　1/32
印　　张　1.875
字　　数　50000
版　　次　2020 年 12 月第 1 版　2020 年 12 月第 1 次印刷
书　　号　ISBN 978-7-5608-9554-3
定　　价　15.00 元

上海市住房和城乡建设管理委员会文件

沪建标定〔2020〕496 号

上海市住房和城乡建设管理委员会
关于批准《公交场站规划用地及建设标准》为
上海市工程建设规范的通知

各有关单位：

由上海城市交通设计院有限公司和上海市城市规划设计研究院主编的《公交场站规划用地及建设标准》，经我委审核，现批准为上海市工程建设规范，统一编号为 DG/TJ 08—2057—2020，自 2021 年 3 月 1 日起实施。原《公共汽车和电车首末站、枢纽站建设标准》DG/TJ 08—2057—2009 同时废止。

本规范由上海市住房和城乡建设管理委员会负责管理，上海城市交通设计院有限公司负责解释。

特此通知。

上海市住房和城乡建设管理委员会

二〇二〇年九月十五日

前　言

根据上海市住房和城乡建设管理委员会《关于印发〈2017 年上海市工程建设规范编制计划〉的通知》(沪建标定〔2017〕898 号)要求,标准编制组在充分总结以往经验,结合新的发展形势和要求,参考国家、行业及本市相关标准规范和文献资料,并在广泛征求意见的基础上,编制了本标准。

本标准的主要内容有:总则;术语;首末站、枢纽站;停车场、停保场;附录 A～附录 D。

本标准在《公共汽车和电车首末站、枢纽站建设标准》DG/TJ 08—2057—2009 的基础上进行了更新、修订和补充:①对接 2035 年城市总体规划以及行业发展需求,增加了区域划分和充电设施等内容;②结合节约集约用地发展原则,细化了公交场站建设形式和规划用地标准;③结合实际项目案例经验,修订了公交场站建设标准。

各单位及相关人员在执行本标准过程中,如有意见和建议,请反馈至上海市交通委员会(地址:上海市世博村路 300 号 1 号楼;邮编:200125;E-mail:shjtbiaozhun@126.com),上海城市交通设计院有限公司(地址:上海市建国东路 525 号;邮编:200025;E-mail:shjiaotongsj@126.com),或上海市建筑建材业市场管理总站(地址:上海市小木桥路 683 号;邮编:200032;E-mail:bzglk@zjw.sh.gov.cn),以便修订时参考。

主 编 单 位:上海城市交通设计院有限公司
上海市城市规划设计研究院

参 编 单 位:上海市地质调查研究院
上海久事公共交通集团有限公司

主要起草人: 董明峰　俞雪雷　许　佳　何洪波　王宇浩
王　辉　郎益顺　易伟忠　朱伟刚　陈丽烨
杨志杰　代　兵　聂　琛　叶　磊　陈忆宁
钱永刚

主要审查人: 韩　印　蒋应红　李　彬　吴娇蓉　蔡逸峰
朱　洪　张　华

上海市建筑建材业市场管理总站

目　次

Contents

1 总 则

1.0.1 为保障城市道路公交场站等设施建设的合理化、科学化、规范化，满足城市公共交通畅通安全、经济合理的要求，使上海市公交场站的规划、设计、建设符合卓越的全球城市与社会主义现代化国际大都市的城市发展目标，符合城市公交现代化运营组织和管理要求，制定本标准。

1.0.2 本标准适用于新建、扩建和改建的公共汽电车首末站、枢纽站、停车场、停保场的用地及建设。

1.0.3 公交场站应纳入城市总体规划、单元规划、控制性详细规划及相关交通专项规划，与城市用地布局相协调。

1.0.4 公交场站的规划设计应有利于保障公共交通畅通和安全，节约资源和用地。在满足交通功能的基础上，可进行土地的综合开发利用，并应适应城市景观和环境保护的要求。

1.0.5 公交场站的规划建设应符合专业规划和地区交通组织的要求，与不同交通方式衔接或与地区开发建设配套的公交场站的建设，应同步规划设计、同步建设施工、同步竣工使用。

1.0.6 公交场站在规划选址阶段宜根据需要进行交通影响分析，并作为交通组织和方案设计的重要依据。

1.0.7 公交场站用地标准应考虑区域差别化，选址区域划分应符合附录 A 的规定。

1.0.8 公交场站规划用地及建设除应符合本标准外，尚应符合国家、行业和本市现行有关标准的规定。

2 术 语

2.0.1 首末站 bus and trolley bus terminal

为 1～2 条公交线路提供运营管理、车辆回车停车、后勤保障等具有线路起止功能的场所。

2.0.2 枢纽站 bus and trolley bus interchange

为 3 条及 3 条以上公交线路提供起止、换乘服务并具备多种配套功能的场所。

2.0.3 停车场 parking lot

供公交车辆集中停放，备有必要设施，能进行简单维修作业的场所。

2.0.4 停保场 parking and maintenance shop

以车辆停放、承担运营车辆的各级保养任务为核心功能，并具有相应的车辆充电、配件加工、修制能力和修车材料及燃料的储存、发放等功能的场所。

2.0.5 公共汽电车标准车 standard vehicle of bus and electric bus

车身长 12 m，宽 2.5 m，高 3.5 m 的公共汽电车。其他型号的公共汽电车，按其车身长度，选用相应换算系数折算成标准车数。各类型公共汽电车换算系数宜按附录 B 取值。

2.0.6 停车库 parking garage

停车库是指停放机动车的建、构筑物。

2.0.7 停车坪 parking area

在枢纽站供待发车和歇班车停放的场地。

3 首末站、枢纽站

3.1 功能与选址

3.1.1 首末站、枢纽站的主要功能应满足客流集散的需要，提供交通方式或公共交通线路转换，并为公共汽电车车辆的发车、等候发车、调度提供合理有效的使用场地。

3.1.2 首末站、枢纽站应与旧城改造、新区开发相结合，并应与公路长途客运站、火车站、客运码头、航空港、轨道交通站点以及其他城市公共交通方式相衔接。

3.1.3 首末站、枢纽站的选址应符合下列规定：

1 首末站宜设置在居住区、商业区或文体中心等主要客流集散点附近，在多种交通方式的衔接点上，宜设置多条线路共用的枢纽站。

2 宜同区域路网、公交线路相结合，设置在人员集中、客流集散量较大的位置，紧靠客流集散点和道路客流主要方向的同侧。

3 3万人以上的居住区应设置首末站。新建居住小区应按每2万人口规模设置1处首末站，首末站应与小区开发同步规划建设竣工。产业区块内应按每4万～5万个工作岗位设置1处首末站。

4 首末站宜设置在城市道路用地之外。鼓励首末站与周边公共建筑结合设置，如确需独立设置，宜布置在支路沿线，周边有便利的道路网络条件和集散条件，方便人流和车流的集散，减少对主要道路交叉口的影响。

5 新建首末站、枢纽站的出入口应符合现行上海市工程建设规范《建筑工程交通设计及停车库（场）设置标准》DG/TJ 08—7 的规定；首末站、枢纽站在用地紧张或特殊情况时确需设置在道路交叉口的，应与交叉口渠化结合设置，并做好交通组织优化。

6 在缺乏首末站、枢纽站用地区域，可利用城市立交高架、轨道桥下的空间设置首末站、枢纽站，并应做好交通组织优化。

3.2 设施与布置

3.2.1 首末站、枢纽站应由车辆运行设施、综合服务设施、公共配套设施、安全环保设施组成，并应符合表3.2.1的规定。

表3.2.1 首末站、枢纽站设施

<table>
<tr><th colspan="4">设施配置</th><th>首末站</th><th>枢纽站</th></tr>
<tr><td colspan="2" rowspan="7">车辆运行设施</td><td>1</td><td>车辆出入口</td><td>√</td><td>√</td></tr>
<tr><td>2</td><td>等候发车区</td><td>√</td><td>√</td></tr>
<tr><td>3</td><td>回车道</td><td>√</td><td>√</td></tr>
<tr><td>4</td><td>站内下客区</td><td>—</td><td>○</td></tr>
<tr><td>5</td><td>补电、充电设施</td><td>○</td><td>○</td></tr>
<tr><td>6</td><td>小修和低保</td><td>—</td><td>○</td></tr>
<tr><td>7</td><td>夜间停车坪</td><td>—</td><td>○</td></tr>
<tr><td rowspan="10">综合服务设施</td><td rowspan="10">管理用房</td><td>8</td><td>站场管理室</td><td>—</td><td>√</td></tr>
<tr><td>9</td><td>线路调度室</td><td>○</td><td>√</td></tr>
<tr><td>10</td><td>行车人员休息室</td><td>√</td><td>√</td></tr>
<tr><td>11</td><td>更衣室</td><td>○</td><td>√</td></tr>
<tr><td>12</td><td>卫生间</td><td>√</td><td>√</td></tr>
<tr><td>13</td><td>餐饮间</td><td>—</td><td>○</td></tr>
<tr><td>14</td><td>清洁用具杂物间</td><td>○</td><td>√</td></tr>
<tr><td>15</td><td>车辆简便维修储藏室</td><td>○</td><td>○</td></tr>
<tr><td>16</td><td>门卫用房</td><td>—</td><td>○</td></tr>
<tr><td>17</td><td>配电房</td><td>○</td><td>○</td></tr>
</table>

续表 3.2.1

设施配置				首末站	枢纽站
综合服务设施	候车站台	18	站台	√	√
		19	候车亭(廊)	√	√
		20	座椅	√	√
		21	人行通道	√	√
	信息标识	22	站牌	√	√
		23	公共信息牌	○	√
		24	区域地图、公交线路图	√	√
		25	公交时刻表	√	√
		26	实时动态信息	√	√
		27	通信设备	√	√
		28	站区广播	○	○
		29	智能调度系统	√	√
	公众服务	30	公共厕所	○	○
		31	无障碍设施	√	√
公共配套设施		32	机动车泊位	—	○
		33	非机动车泊位	○	√
		34	出租车泊位	—	○
安全环保设施		35	照明	√	√
		36	监控	√	√
		37	消防	√	√
		38	绿化	√	√
		39	道闸/伸缩门	—	○
		40	绿建、海绵城市	○	○

注:"√"表示应有的设施;"○"表示可选择的设施;"—"表示不设的设施。

3.2.2 新建首末站、枢纽站与居民住宅楼之间宜保持适当距离,在用地受限的情况下,首末站、枢纽站与居民楼之间应通过绿化或隔音板等设施进行隔离。

3.2.3 首末站、枢纽站的设计应坚持人车分流、方便换乘、节约资源的基本原则，满足分区明确、布局合理、流线分明、通行便捷的要求。

3.2.4 首末站、枢纽站的平面布局应由下列区域组成：

1 供公交车辆运行的区域，宜包括出入口、行车区、停车区、蓄车区、补电设施等。

2 供乘客、运营工作人员使用的综合性服务区域，宜包括管理用房、候车站台、信息标识、公共厕所等。

3 满足人员出行换乘需求的公共配套设施区域，宜包括非机动车泊位、机动车泊位、出租车泊位等。

4 保障使用功能，协调周边环境的安全环保设施区域，宜包括照明、监控、消防、绿化、绿建及海绵城市等。

3.2.5 首末站、枢纽站出入口的布置应使公交车辆能够顺畅进出，对周边主干道干扰小，与连接道路能力相匹配；出入口的设计应符合现行上海市工程建设规范《建筑工程交通设计及停车库(场)设置标准》DG/TJ 08—7 的相关规定。

3.3 用地标准

3.3.1 对于不同区域(区域划分按照附录 A 的规定)的首末站、枢纽站中的发车位、蓄车位和停车坪的布置应按下列要求执行：

1 一类区域的首末站、枢纽站每条公交线路应按 2 个等候发车泊位(停 1 蓄 1)作为下限控制，规划用地沿街长度不宜小于 65 m；3 个等候发车泊位(停 1 蓄 2)作为上限控制，不得设置夜间停车的停车坪。

2 二类区域的首末站、枢纽站每条公交线路宜按 3 个等候发车泊位(停 1 蓄 2)作为下限控制，规划用地沿街长度不宜小于 80 m；不宜设置夜间停车的停车坪。

3 三类区域的首末站、枢纽站每条公交线路应按 3 个等候发车泊位(停1蓄2)作为下限控制,远离停车场、停保场或有较大早班客运需求的枢纽站应建供夜间停车的停车坪,夜间停车坪停车位规模宜按线路全部运营车辆的50%计算,不宜超过50个泊位。

3.3.2 首末站、枢纽站的规划用地标准,应按照规划的公共汽电车线路规模确定,并应符合附录C的规定。

1 公交车辆运行设施及综合服务设施的用地面积:

1) 一类区域1条公交线路首末站的用地面积为600 m^2～900 m^2,2条公交线路首末站的用地面积不宜大于1 400 m^2,3条及3条以上公交线路的枢纽站按每增加1条公交线路增加500 m^2用地面积控制。

2) 二类区域、三类区域1条公交线路首末站的用地面积为800 m^2～1 000 m^2,2条公交线路首末站的用地面积不宜大于1 600 m^2,3条及3条以上公交线路的枢纽站按每增加1条公交线路增加700 m^2用地面积控制。

3) 夜间停车的停车坪用地应按每辆标准车70 m^2～80 m^2控制。

2 绿化用地面积应根据相关管理规定计算后另行增加,考虑绿化后首末站、枢纽站的用地面积:

1) 一类区域1条公交线路首末站的用地面积为800 m^2～1 100 m^2,2条公交线路首末站的用地面积不宜大于1 800 m^2,3条及3条以上公交线路的枢纽站按每增加1条公交线路增加700 m^2用地面积控制。

2) 二类区域、三类区域1条公交线路首末站的用地面积为1 200 m^2～1 300 m^2,2条公交线路首末站的用地面积不宜大于2 200 m^2,3条及3条以上公交线路的枢纽站按每增加1条公交线路增加900 m^2用地面积控制。

3) 夜间停车的停车坪用地应按每辆标准车100 m^2～110 m^2控制。

3　公共配套设施用地面积应结合使用需求另行计算。

3.3.3　当首末站、枢纽站建有新能源设施时，其用地可按现行国家、行业标准的要求另行核算面积后加入首末站、枢纽站总用地面积中。

3.4　建设标准

3.4.1　车辆运行设施应包括车辆出入口、等候发车区、回车道、站内下客区、补电及充电设施、小修和低保区、夜间停车坪等，并符合下列规定：

1　首末站、枢纽站的入口和出口应分隔开，且必须设置明显标志。出入口宽度应为 7 m～11 m。在出入口后退 2 m 的通道中心线两侧各 60°范围内，应能目测到站内或站外的车辆和行人。

2　公共汽电车进出站口，与非机动车、乘客主要出入口宜分开设置，安全距离不宜小于 5 m；若设置在一起，应作物理分隔。

3　等候发车区应提供车辆等候发车的功能，每条线路应满足至少 2 辆车同时等候发车的规模要求，每辆公共汽电车停车发车位长度应按标准车长度不小于 15 m、宽度不小于 3.5 m 的标准设置。在用地紧张的情况下，可依据线路实际运营车型设置泊位大小。发车区外应设置应急车道，当有 2 条线路以上前后同站台设置时，应设置超车道。

4　站内应按最大运营车辆的回转轨迹设置回车道，转弯段应满足车辆转弯半径的技术要求，最小转弯半径应符合现行行业标准《车库建筑设计规范》JGJ 100 的规定。

5　车辆运行区内公共汽电车标准车通行空间的净空高度应不低于 3.7 m，双层公共汽电车通行空间的净空高度应不低于 4.6 m。

6　枢纽站内宜实行上客区、下客区空间分离，上客人流、下客人流、车流互不干扰。

7 新能源充电公交车首末站、枢纽站宜设置补电、充电设施，包含市政配套(开关站、用户站)、变配电房、电缆沟、充电机及充电机雨棚、监控室、休息室、管理室等，并应符合现行国家标准《电动车辆传导充电系统　电动车辆交流/直流充电机(站)》GB/T 18487.3 的规定；同时应与人行区域保持安全距离。

8 停车坪内应有明显的车位标志、行驶方向、其他运营标志及洗车区，同时应配置新能源充电公交车的补电、充电设施。停车坪的坡度宜为 0.3%～0.5%。停车区的道路宜采用混凝土路面结构，当采用沥青混凝土路面结构时，应作抗车辙增强处理。

3.4.2 综合服务设施包括管理用房、候车站台、信息标识、公众服务等，并应符合下列规定：

1 管理用房包括站场管理室、线路调度室、行车人员休息室、更衣室、卫生间、餐饮间、清洁用具杂物间、车辆简便维修储藏室。对于封闭式枢纽站，用地宽裕的条件下宜增设门卫用房。

2 首末站、枢纽站的管理用房宜集中设置，管理用房建筑面积应按线路条数确定：1～2 条线路的首末站管理用房面积不宜小于 60 m^2，3～4 条线路的枢纽站管理用房面积不宜小于 130 m^2，4 条线路以上每增加 1 条线路宜增加 20 m^2。

3 管理用房室内净高不低于 2.5 m。调度用房、司售人员休息室、餐厅等宜设在首层。调度用房宜能观察到公交车的动向。

4 管理用房内厕所厕位容量应根据站点线路运营工作人员数量科学合理安排。

5 候车站台设计应有利于乘客上下车，站台净宽应不小于 2.5 m，站台长度应至少满足 2 个公共汽电车停车泊位需求，不宜小于 30 m，站台应高出地面 0.20 m，应适量设置乘客休息座椅，同时候车区宜设提示盲道和缘石坡道等无障碍设施。

6 首末站、枢纽站应建候车亭(廊)，候车亭(廊)的设计应符合下列规定：

1) 候车亭(廊)设施必须防雨、抗震、防风、防雷。

2）候车亭（廊）内应设置夜间照明装置。

3）候车亭（廊）高度不宜低于 2.5 m，顶棚宽度不宜小于 1.5 m，且与站台边线竖向缩进距离不应小于 0.25 m，且不得影响候车乘客和行车安全。

4）候车亭的建筑式样、材料、颜色等可根据本地的建筑特点和特定环境特征设计，宜实用与外形美相结合。

7 首末站、枢纽站应根据规模相应配置站区集中调度管理系统、信息采集与发布系统、视频监控系统、安全防范与应急处置系统以及交通信息查询服务系统等功能。

8 首末站、枢纽站应在显著位置设置站牌标志和发车显示装置。站牌设计应按现行国家标准《城市公共交通标志 第 3 部分：公共汽电车站牌和路牌》GB/T 5845.3 的规定执行。

9 枢纽站应在显著位置设置公共信息导向系统，条件许可时宜建电子信息显示服务系统。公共信息导向系统应符合现行国家标准《公共信息导向系统设置原则与要求 第 4 部分：公共交通车站》GB/T 15566.4 的规定。

10 首末站、枢纽站无障碍设施的配置和设计应符合现行国家标准《无障碍设计规范》GB 50763 的规定。

11 枢纽站周围区域 300 m 范围内无公共厕所，应配建公共厕所；其规模需根据高峰小时人流确定，建设应符合现行上海市工程建设规范《公共厕所规划和设计标准》DG/TJ 08—401 的规定。

3.4.3 公共配套设施包括机动车泊位、非机动车泊位、出租车泊位，并应符合现行上海市工程建设规范《建筑工程交通设计及停车库（场）设置标准》DG/TJ 08—7、《出租汽车站点设置规范》DG/TJ 08—2108 的规定。

3.4.4 安全环保设施包括照明、监控、消防、绿化、绿建及海绵城市等，并应符合下列规定：

1 首末站、枢纽站的照明应符合现行行业标准《城市道路照明设计标准》CJJ 45 的规定。

2 首末站、枢纽站应配置安全监控系统，包括摄像头、画面处理器、电视监控器等。

3 首末站、枢纽站的消防应符合现行国家标准《汽车库、修车库、停车场设计防火规范》GB 50067 的规定。

4 首末站、枢纽站的绿化用地应结合绿化建设进行生态化设计，并应符合上海市绿化和市容管理局的相关规定。

5 绿建及海绵城市应根据相关规定及要求进行设计及建设。

4 停车场、停保场

4.1 功能与选址

4.1.1 停车场应具备为线路运营车辆下线后提供合理的停放空间、场地和必要设施等主要功能，并应能按规定对车辆进行低级保养和小修作业。

4.1.2 停保场应以承担运营车辆的停放以及各级保养任务为核心功能，并应具有相应的车辆充电、配件加工、修制能力和修车材料及燃料的储存、发放等功能。

4.1.3 停车场应按下列原则进行选址：

1 停车场宜分散布局，可与首末站、枢纽站合建，但应满足分区管理的要求。

2 一类、二类区域停车场布置应优先考虑服务半径覆盖要求，根据所在区域公交线网平均长度不同，停车场服务半径宜控制在 2 km～5 km 之间。

3 三类区域及部分轨道交通服务较低的二类区域停车场宜布置在区域性线网的重心处，以减少空驶里程。

4 停车场用地应安排在水、电供应，消防和市政设施条件齐备的地区。

5 100 个标准车规模以上的停车场宜与车辆保养一并考虑，建设为停保场。

4.1.4 停保场应按下列原则进行选址：

1 停保场应距所属各条线路和其服务分区的各停车场均较近，停车位数量不宜超过 500 个。

2　按照计划预防、高保集中、低保分散、维修专业原则明确场站维修保养等级。

3　停保场应避免建在交通复杂的闹市区、居住小区和主干路旁。宜选择在交通流量较小，比较宽敞、进出方便的次干路附近。

4　停保场附近应具备齐备的城市电源、水源和污水排放管线系统。

4.2　设施与布置

4.2.1　停车场、停保场应由停车设施、生产辅助设施、运营生活设施、安全环保设施等组成，新能源充电公交应配置充电设施，并应符合表 4.2.1 的规定。

表 4.2.1　停车场、停保场设施

设施配置			停车场	停保场
停车设施	1	出入口	√	√
	2	停车位	√	√
	3	车行通道	√	√
	4	试车跑道	—	√
	5	洗车设施	√	√
	6	充电设备	√	√
生产辅助设施	1	保养工间	√	√
	2	修理工间	—	○
	3	车辆检测线	—	○
	4	材料仓库	○	○
	5	危险品仓库	—	○
	6	保修人员用房（更衣、办公、休息、厕所等）	—	√
	7	场站变、配电室	√	√

续表4.2.1

设施配置			停车场	停保场
生产辅助设施	8	新能源充电、变配电	√	√
	9	电瓶间	○	√
	10	空压机房	○	√
	11	乙炔氧气站	○	○
	12	油气站	○	○
运营生活设施	1	门卫、值班房	√	√
	2	现场调度	√	√
	3	票务用房	√	√
	4	业务管理用房(管理、办公、会议、培训等)	○	√
	5	后勤服务(食堂、休息、活动、洗浴、更衣、厕所等)	○	√
	6	智能信息平台	○	√
	7	新能源值班、管理	√	√
	8	调度中心	—	○
	9	垃圾房	√	√
	10	机动车泊位	○	√
	11	非机动车泊位	√	√
安全环保设施	1	照明设施	√	√
	2	安防设施	√	√
	3	消防设施	√	√
	4	绿化设施	√	√
	5	绿色建筑	○	○
	6	海绵城市	○	○

注:“√”表示应有的设施;“○”表示可选择的设施;“—”表示不设的设施。

4.2.2 停车场、停保场应布局合理、分区明确、使用方便、流线简捷,与车辆进、出场各类作业流程相一致。

4.2.3 停车场、停保场应布置紧凑、合理利用地形、节约用地，并留有发展余地，与周围建筑关系应协调。

4.2.4 公共汽电车进、出停保场工作程序如下：

1 公共汽车：进场—票务—预检—(保养维修)—洗车—加油—进停车区—例检—出场。

2 新能源充电公交车：进场—票务—预检—(保养维修)—洗车—入库及充电—例检—出场。

4.2.5 停车场、停保场用地按生产工艺和使用功能宜划分为停车区、生产区和生活区，三部分共同构成一个有机整体。

1 停车区可根据用地及停车能力的要求决定建设地面停车坪或多层停车库，并应符合下列规定：

1）停车区应包括出入口、停车位、车行道、人行道在内的停车部分，并应设置回车场地、坡道和充电设施、洗车设施等。

2）独立的多层停车库的布局可分为停车区、保修工间区、调度管理区和辅助区。

3）多层停车库内设置相应的消防设施及值班室、管理办公室、控制室、休息室、贮藏室、卫生间等辅助设施。

4）停车区内公交车辆宜分组停放，每组停车数量不宜超过50 辆，组与组之间(防火间距)不小于 6 m。

2 生产区平面布局包括保修工间、辅助工间和动力供给工间，并应符合下列规定：

1）保养区平面布置应有明显的功能分区，把功能相近、生产(工作)性质相同、动力需要和防火、卫生等要求类似的车间、办公室、设备、设施布置在同一功能分区内。

2）保养车间及其附属的辅助车间应按工艺路线要求布置在相邻近的建筑物里，建筑物之间应既有防火等合理的间隔，又具有顺畅而方便的联系。

3）保修工间根据维保能力分为低保工间及高保工间，低保工间可与车库合建，高保工间宜独立建设，保修工间应包括维保工位、工具间、设备间、备品备件仓库等，并宜配有维保等候停车区。

4）生产车间按工艺要求，宜采取顺车进、顺车出的平面布局，并应按生产性质及工艺确定建筑层数与层高，辅助工间不宜高于3层。

5）辅助工间宜采用卫星式、两翼式等排列整齐的布局，并应布置在主保修工间的周围或上层。

6）配电房、空压机房、乙炔发生站等动力设施应设置在全场的负荷中心处。

7）场区车行道路的宽度不应小于7 m，人行道的宽度不应小于1.2 m。

3 生活区的平面布局宜包括业务管理用房、后勤服务用房、垃圾房等，建筑式样、风格、色彩等应与所在街景的美学特点相谐和。

4.2.6 停车场、停保场出入口的布置应使公交车辆能够顺畅进出，对周边主干道干扰小，与连接道路能力相匹配，并应符合下列规定：

1 出入口的设计应符合现行上海市工程建设规范《建筑工程交通设计及停车库(场)设置标准》DG/TJ 08—7 的相关规定。

2 场内的交通路线应采用与出入口行驶方向相一致的单向行驶路线；车辆的进出口处必须安装限速、引导、警告、禁行和单行等明显标志。

3 出入口方向应朝向场外交通路线，宜设置在停车坪一侧。

4 车辆的进出口应分开设置，停车场停放容量大于50辆时应设置2个及以上独立出入口。

5 人员出入口可设置在车辆进出口的一侧或两侧，其使用宽度应大于1.6 m。

4.3 用地标准

4.3.1 停车场、停保场用地面积应满足饱和停车情况下，公交车辆仍可自由出入而不受所停车辆的影响。

4.3.2 根据停车区的建设方式，停车场、停保场可分为平面式和立体式两种建设模式，并应符合下列规定：

1 鼓励停车区向立体化发展，一类区域、二类区域应建设多层停车库，三类区域宜建设多层停车库。多层停车库建筑层数宜为 3 层或 4 层；在进行必要性分析，并通过相关部门组织的安全、技术论证后，可规划建设 4 层以上高层停车库或高层停保场，单位标准车用地指标应进一步集约。

2 多层停保场应在多层停车库基础上，综合生产辅助设施、运营生活设施等立体开发，集约、高效利用土地。

4.3.3 停车场、停保场的规划用地标准，应按照规划的停车规模和保养等级、建设模式、停放类型等综合确定，在场站建设用地规整、符合绿地率控制要求的前提下，各类停车场、停保场的用地面积应符合附录 D 的规定：

1 平面式停车场用地面积宜按 120 m^2～150 m^2/标准车确定。

2 平面式停保场用地面积宜按 150 m^2～200 m^2/标准车确定。

3 立体式停车场用地面积宜按 70 m^2～90 m^2/标准车确定；规划用地的长度不宜小于 150 m，宽度不宜小于 80 m。

4 立体式停保场用地面积宜按 90 m^2～120 m^2/标准车确定；规划用地的长度不宜小于 150 m，宽度不宜小于 90 m。

5 因用地条件限制，土地可利用率不高时，可根据具体情况增加用地。在设计区域停车场总用地规模时，已有夜间停车的首末站、枢纽站的停车面积不应在停车场用地中重复计算。

6 停车场、停保场的市政变配电站房、油气站应按有关标准的规定单独计算后再加进停车场、停保场的用地中。

4.3.4 在满足停保功能的前提下，鼓励停车场、停保场进行综合利用。综合利用应对地块周边环境、区域交通组织、城市景观等的影响因素进行评估。

4.4 建设标准

4.4.1 停车场、停保场建筑设施应做到配置合理、功能齐全、使用方便，确保营运安全有序、便捷化、信息化、环保化、科学化。

4.4.2 停车设施包括停车坪、场区道路、试车跑道、洗车设施、充电设备等设施，并应符合下列规定：

1 停车坪的建筑设计应符合现行行业标准《车库建筑设计规范》JGJ 100 和现行上海市工程建设规范《建筑工程交通设计及停车库(场)设置标准》DG TJ 08—7 的规定。

2 停车坪应采用划线标志指示停车位置和通道宽度，同时应有良好的雨水、污水排放系统，并应符合现行国家标准《室外排水设计规程》GB 50014 的规定。

3 停车区车辆的停放形式可按平行式、斜列式、垂直式停放；停放形式应结合停放区的平面形状，选用进出车最方便、占用停放区建筑面积最小的停放形式，不论采用何种停车方式，均必须保证一次进出停车位的要求；停车区采用立体式建设时，建筑面积宜按不高于 130 m^2/标准车确定。

4 多层停车库应根据所停车型、停放形式、所需的安全间隔、车行道布置选择结构合理、经济实用的停车区柱网形式。

5 多层停车库宜采用敞开式车库，应有良好的通风及采光条件。

6 多层停车库的坡道宜为直线形，应根据流线置中或贴边布置，并应符合下列规定：

1）坡道的面层构造应采取防滑措施，宜在柱、墙阳角凸出的部位设防撞措施。

2）公共汽电车库直线坡道的纵坡应小于 10%，曲线形坡道的纵坡应小于 8%。

3）坡道与行车交汇处、与平地相衔接的缓坡段的坡度应为正常坡度的 1/2；其长度，标准车宜为 6 m、铰接车宜为 10 m。

4）直线坡道应设置纵向排水沟和 1%～2%的横向坡度。

5）当采用双行坡道时，公共汽电车的直线双行坡道的最小宽度不应小于 7.0 m，曲线双行坡道的最小宽度不应小于 10.0 m。

6）公共汽电车的坡道可在一侧设立宽度为 1 m 的人行道。

7 多层停车库的进出口必须分开设置，并应有限速、禁停车辆、禁止鸣笛等日夜能显示的标志标线；停车库内应在每层出入口的显著部位设置标明楼层、行驶方向、限高等标志，在各层柱间及通道尽端设置安全指示灯。

8 停车区的层高应考虑建筑结构和各类管道等设备的需要，停车区最小净高不应小于 3.70 m。

9 停车区内应采用单向行车，车行道宜保持直线形，通视距离应在 50 m～80 m 范围内。车行道的宽度和转弯半径应能满足车辆的安全通行。

11 停车场、停保场应根据保养能力设置符合城市公共汽电车技术条件要求的回车道、试车跑道；试车跑道宽度不应小于 7 m，长度不应小于 100 m。

12 停车场应设置洗车设施，并应符合下列要求：

1）洗车间内宜设置车辆远红外线干燥器，洗车间或洗车台宜设置水回收利用装置。

2）停车数在 100 辆营运车以下的，建半自动化洗车台；在 100 辆营运车以上的，建自动化洗车台。

13 新能源充电公交车的充电设施应包含市政配套(开关站、用户站)、变配电房、电缆沟、充电机及充电机雨棚、监控室、休息室、管理室等。充电机操作区的宽度不应小于 1.3 m，长度不应小于 3.5 m；充电机雨棚宽度不应小于 5.0 m，长度不应小于 3.5 m。

4.4.3 生产辅助设施包括保养工间、修理工间、车辆检测线、材料仓库、危险品仓库、保修人员用房、动力系统、油气站等，并应符合下列规定：

1 保养工间应能满足车辆保养和小修作业的要求，并应符合下列规定：

1） 新能源充电公交车保养和小修作业主要包括底盘、轮胎和电器部分等部件定期养护，更换变速箱油和空调滤芯，更换防冻液和刹车油，检查底盘、灯光、轮胎等常规部位。

2） 低级保养和小修作业应在停车场一并进行分管作业。进行作业的工位数，应根据每日所需低级保养车次和小修车次，按每工位数的日均低级保养车次和小修车次确定，且工位数不应少于 2 个；标准车工位宜为 18 m 长、6 m 宽。

3） 通道式修车地沟的长度不应小于 2 倍车长，独立式修车地沟的长度不应小于 1 辆车长加 2 m；修车地沟净宽不应小于 0.85 m，有效深度不应小于 1 m；并列修车地沟间的中心距不应小于 6.0 m，地沟内墙应镶嵌瓷砖等光洁的饰面材料。

2 修理工间应能满足车辆高级维修的工艺要求，可由发动机或电机修理间、底盘修理间、轮胎修理间及喷烤漆间等构成保修厂房，由电工间、蓄电池间、设备维修间、材料配件工具库、动力站等构成辅助车间，并应符合下列要求：

1） 发动机或电机修理、动力站等有较大噪声的车间应单独布置并应采取隔噪措施。

2）停保场应有固定的车身保养工作场所，并应单独建立车身保养车间（工段、组）。

3）保养车间、发动机或电机修理间、底盘修理间、蓄电池间等与油和腐蚀性介质接触的厂房地面，应采用高标号混凝土面和耐机油、耐酸、耐腐蚀的非刚性材料面层。

3 车辆检测线建筑面积不宜小于 550 m^2，长度不宜小于 50 m，宽度不宜小于 11 m。

4 动力系统应包括变/配电室、电瓶间、空压机房、锅炉房、浴室、乙炔氧气站等。

5 油气站的设置应符合下列要求：

1）油气站应设置在停车场内安全的区域，并应按现行国家标准《汽车库、修车库、停车场设计防火规范》GB 50067和《汽车加油加气站设计与施工规范》GB 50156 的规定执行。

2）油气站在基地内宜设置不少于 2 条的排队车道，蓄车道长度宜大于 60 m，加油站应设在距基地入口 60 m 范围外。

3）油气站的储存能力应符合下列规定：①地下油罐的储油能力宜按 3 d～4 d 的用量确定；②液化石油气加气站储罐的储存能力宜按 2 d～3 d 的用量确定；③由管道天然气供气的加气站的储气能力不应超过 18 m^3，由非管道供气的加气站的储气能力不应超过 8 m^3；④车载储气瓶的总容积不应超过 18 m^3。

4）加油加气站应有供管理人员值班休息的站房，其使用面积不应小于 10 m^2。

5）加油加气站应设置加油加气的自动计量设施。

4.4.4 运营生活设施包括门卫与值班室、调度、票务、业务管理、后勤服务、智能信息平台、新能源充电设备值班和管理室、调度中心、垃圾房、机动车泊位、非机动车泊位等，并应符合下列规定：

1 调度中心应与公交企业的调度体制相协调，可根据交通方式特征，按不同类型或不同隶属关系分别建设总调度中心和分调度中心，并应符合下列规定：

1）调度中心应具备运营动态管理、调度、监控和公共信息服务等功能；应配置调度工作平台、通信设施、在线服务设施和救援车辆等设备，包括若干调度终端、视频显示系统及机房等。

2）总调度中心应为总公司系统的指挥中心，应能监视监控及调度系统的所有运营车辆和指挥各分调度中心、线路调度室，并应具有临时取代分调度中心或线路调度室的调度职能的功能；总调度中心宜选址在靠近其服务的线网中心处，用地面积不宜小于 5 000 m^2，设施建筑面积不宜小于 5 000 m^2。

3）分调度中心应为分公司系统的指挥中心，应接受并执行总调度中心的命令和指挥各线路调度室，应能监视所辖区域、线路的运营车辆，并应具有临时取代线路调度室的职能的功能；分调度中心的工作半径宜控制在 2 km～5 km 之间，每处用地面积可按 500 m^2 计算。

2 生产过程中产生的工业固体废物、危险废物等垃圾应分类收集，有毒、腐蚀性垃圾应由相关专业垃圾处理厂进行处理。

3 生产过程中产生的污水必须经净化设施处理后，方可排入市政管线。

4 机油、蓄电池液等不得排入污水管道，应统一回收、处理。

5 供司乘人员使用的机动车泊位、非机动车泊位的数量宜结合需求通过交通分析确定。

4.4.5 安全环保设施包括照明、安防、消防、绿化、绿建及海绵城市等，并应符合下列规定：

1 停车场、停保场设施应达到抗震、消防、防雨、防风、防雷、防盗的要求，并必须配备安全照明设施。

2 停车场、停保场宜设置智能信息化系统，满足公交车辆合理停放要求，提高停车场车辆停放利用率，主要包括安全防范系统、车辆引导管理系统、中心机房以及网络系统，并应符合下列规定：

1）安全防范系统应根据安全防范需要建立，包括数字视频监控、周界入侵报警、电子巡更等。

2）车辆引导管理系统包括进出门禁管理、加油加气充电引导、票务收银、停放引导、维修保养；停车场、停保场均应设置进出门禁管理系统，其他子系统可根据需要配置。

3）中心机房以及网络系统包括安防监控中心和中心控制机房。

3 停车场、停保场必须有完善的消防和通风设施，各类建筑、设施的防火设计应符合现行国家标准《建筑设计防火规范》GB 50016 和《汽车库、修车库、停车场设计防火规范》GB 50607 的规定。

4 停车场、停保场应确保场区的绿化用地，结合绿化建设进行生态化设计，并应符合上海市绿化和市容管理局的相关规定。

5 靠近城市办公、生活、医院、学校、休闲区域的停车场、停保场，应结合实际用地形态和吸声隔音减噪设施布置绿化带；噪声值应符合现行国家标准《声环境质量标准》GB 3096 和《工业企业厂界环节噪声排放标准》GB 12348 的规定，当不能满足要求时，应采取隔声、隔振措施。

6 各建筑单体基本布局宜为南北向，充分利用自然通风、有效日照，有利于节约能源；停车库内停车宜为南北布置，宜采用敞开式车库，布置多个天井，自然排烟、自然通风、自然采光，节约设备能耗；各种车间、工间地屋面与墙体应采用节能保温材料或措施。

7 绿建及海绵城市应根据相关规定及要求进行设计及建设。

附录 A 区域划分标准

区域类别	分区范围	备注
一类区域	内环线内区域、内外环间城市主中心(中央活动区)	根据《上海市城市总体规划(2017—2035 年)》,内外环间城市主中心包括世博—前滩—徐汇滨江地区、虹桥开发区等区域
二类区域	主城区(除一类区域外)、新城、核心镇镇区	主城区范围包括中心城(除一类区域外)、川沙片区、宝山片区、闵行片区、虹桥片区以及高桥镇、高东镇紧邻中心城地区;新城包括嘉定、松江、青浦、奉贤、南汇;核心镇镇区主要指金山卫镇和山阳镇镇区、城桥镇镇区
三类区域	主城区外区域(除一类和二类区域)	除一类、二类区域外其他区域的开发边界内用地范围

注:城市主中心(中央活动区)、主城区、新城、核心镇镇区的边界范围由相应总体规划或控制性详细规划确定。

附录B　各类型公共汽电车车辆换算系数

类别	车长范围	换算系数
1	5 m～7 m(含)	0.5
2	7 m～10 m(含)	0.8
3	10 m～13 m(含)	1.0
4	13 m～16 m(含)	1.3
5	16 m～18 m(含)	1.5
6	双层	1.5

附录C 公共汽电车首末站、枢纽站用地标准

表C-1 公共汽电车首末站、枢纽站用地标准(不含绿化及公共配套设施)

公交车辆运行设施及综合服务设施用地面积		一类区域（m^2）	二类区域（m^2）	三类区域（m^2）
1条线路	无超车道/停1蓄1	600	/	
	设超车道/停1蓄1	800		/
	设超车道/停1蓄2	900～1 000		
2条线路	设超车道/停1蓄1	1 400		/
	设超车道/停1蓄2	1 600		
3条线路（含）以上	设超车道/停1蓄1	$1\,400+500\times(n-2)$		/
	设超车道/停1蓄2	$1\,600+700\times(n-2)$		

备注:以上标准不包括绿化用地以及非机动车泊位、机动车泊位、出租车泊位等公共配套设施用地。

表C-2 公共汽电车首末站、枢纽站用地标准(不含公共配套设施)

公交车辆运行设施、综合服务设施及绿化用地面积		一类区域（m^2）	二类区域（m^2）	三类区域（m^2）
1条线路	无超车道/停1蓄1	800	/	
	设超车道/停1蓄1	1 100		/
	设超车道/停1蓄2	1 200～1 300		
2条线路	设超车道/停1蓄1	1 800		/
	设超车道/停1蓄2	2 200		
3条线路（含）以上	设超车道/停1蓄1	$1\,800+700\times(n-2)$		/
	设超车道/停1蓄2	$2\,200+900\times(n-2)$		

备注:以上标准不包括非机动车泊位、机动车泊位、出租车泊位等公共配套设施用地。

附录D　公共汽电车停车场、停保场用地标准

表D-1　平面式停车场、停保场单车用地标准

平面式单车用地标准	＜100个	100个≤规模＜200个	200个≤规模＜300个	300个≤规模＜400个	≥400个
停车场(m^2)	150	140	130	125	120
停保场(m^2)	200	185	170	160	150

表D-2　立体式停车场、停保场单车用地标准

立体式单车用地标准	建1停2	建2停3	建3停4	建4停5
停车场(m^2)	90	80	75	70
停车场(m^2)	120	110	100	90

本标准用词说明

1 为便于在执行本标准条文时区别对待，对要求严格程度不同的用词说明如下：

1） 表示很严格，非这样做不可的用词：
正面词采用“必须”；
反面词采用“严禁”。

2） 表示严格，在正常情况下均应这样做的用词：
正面词采用“应”；
反面词采用“不应”或“不得”。

3） 表示允许稍有选择，在条件许可时首先应这样做的用词：
正面词采用“宜”；
反面词采用“不宜”。

4） 表示有选择，在一定条件下可以这样做的用词，采用“可”。

2 条文中指明应按其他有关标准执行时的写法为“应符合……的规定”或“应按……执行”。

引用标准名录

1 《室外排水设计规范》GB 50014
2 《建筑给水排水设计规范》GB 50015
3 《建筑设计防火规范》GB 50016
4 《汽车库、修车库、停车场设计防火规范》GB 50067
5 《汽车加油加气站设计与施工规范》GB 50156
6 《无障碍设计规范》GB 50763
7 《城市停车规划规范》GB/T 51149
8 《城市综合交通体系规划标准》GB/T 51328
9 《车库建筑设计规范》JGJ 100
10 《城市公共汽电车场站配置规范》JT/T 1202
11 《城市道路公共交通站、场、厂工程设计规范》CJJ/T 15
12 《城市公共交通分类标准》CJJ/T 114
13 《城市公共交通工程术语标准》CJJ/T 119
14 《建筑工程交通设计及停车库(场)设置标准》DG/TJ 08—7

上海市工程建设规范

公交场站规划用地及建设标准

DG/TJ 08—2057—2020
J 11467—2020

条 文 说 明

2020　上海

目　次

Contents

1 总 则

1.0.1 本标准是在原《公共汽车和电车首末站、枢纽站建设标准》DG/TJ 08—2057—2009(以下简称 09 版《标准》)、《上海市公交停车、保养场设计与建设标准》Q/GJ 003—2008(以下简称 08 版《标准》)的基础上制定的。制定本标准的目的主要体现三个方面:一是系统性,既要充分考虑公交场站等设施与城市总体规划、各专业规划相协调,又要考虑公交场站与市政道路的配套衔接合理以及公交场站等设施用地规模控制与功能设施配置相适应,保证公交场站既定功能的实现,适用运营调度管理要求,适应乘客安全便捷出行需求;二是适应性,对接《上海市城市总体规划(2017—2035 年)》发展目标"将建设成为卓越的全球城市、具有世界影响力的社会主义现代化国际大都市"的要求,充分考虑土地集约化,配套设施减量化,鼓励综合开发、立体开发、已建场站改扩建增能,结合行业发展,提出补电、充电设施的相关要求;三是差异性,09 版《标准》中公交首末站、枢纽站用地标准采用"内环内、内外环间、外环外"作为差别化界定已不合时宜;本标准结合上海市市域城乡体系,针对不同区域、不同功能的公交场站提出差别化用地控制及建设要点。本标准对 09 版《标准》和 08 版《标准》进行了更新、修订和整合,结合《上海市控制性详细规划技术准则(2016 年修订版)》,增加了区域划分、充电设施等内容,结合节约集约用地发展原则修订了建设形式和用地标准,结合实际项目案例经验完善了建设标准,具有操作指导性。

1.0.2 本条文界定的适用范围为公共汽电车首末站、枢纽站、停车场、停保场的新建、扩建和改建。

1.0.3 公交场站是保证城市公共交通运营生产能正常进行的重

要后方设施，是城市基础设施的组成部分之一。因此，公交场站应与城市用地布局相协调，不仅要纳入城市总体规划、单元规划，还要纳入控制性详细规划及相关交通专项规划中。

1.0.4 本条文规定了公交场站规划设计的基本原则和要求，提出了在满足交通功能的前提下，不局限于平面和单一的功能，可进行综合开发利用，从而提高土地利用效率。

1.0.7 本条为新增条文。在全市土地利用节约集约大背景下，结合市域城乡体系，建立三类分区。其中，一类、二类区域土地资源紧张，应作为用地严控区域。特别是一类区域[内环线内区域、城市主中心（中央活动区）、主城副中心]，在达到较高线网覆盖和智能化服务前提下，可通过优化公交运营设施配置，从严控制设施用地规模。三类区域[城镇圈范围（除一类和二类区域）]公共汽电车基础设施建设与一类、二类区域存在一定差距，可适度满足设施用地需求。

1.0.8 在执行本标准条文时，不得与我国和本市现行的其他有关标准和规范发生冲突。对引用的各有关标准的参数、计算方案和名词术语等一律不再作新的定义、解释或重复叙述。

2 术 语

2.0.1～2.0.2 在本市地面公交专项规划、客流调查以及实际运营的经验基础上，明确了首末站、枢纽站各自包含公交线路的数量，同时补充了首末站具体功能、枢纽站配套功能的描述。

2.0.4 本市已建场站基本为公交停车场、公交停保场，没有单独的公交保养场，参照《上海市控制性详细规划技术准则(2016年修订版)》的规定，公交保养场应与公交停车场结合设置，形成综合车场。本条文取消“保养场”定义，新增“停保场”术语。

2.0.5 本条文将08版《标准》“2.0.1 车身长12 m，宽2.5 m，高3.2 m的公共汽车和电车”、09版《标准》“2.0.3 车身长12 m，宽2.5 m，高3.3 m的公共汽电车”统一调整为现行行业标准《车库建筑设计规范》JGJ 100的车高3.5 m。

3 首末站、枢纽站

3.1 功能与选址

3.1.1 本条文明确了首末站、枢纽站的主要功能，包括客流集散、交通方式转换、公交车辆运营等。

3.1.2 本条文主要目的是确保首末站、枢纽站的规划、建设与上位规划相衔接，同时使之与其他客运交通“无缝”衔接，方便换乘。

3.1.3 本条在总结首末站、枢纽站设置经验的基础上，以公共交通提供便捷、经济、舒适的客运服务为基本准则，界定了首末站、枢纽站的基本选址原则。

4 在09版《标准》的基础上进行补充，引用《上海市控制性详细规划技术准则(2016年修订版)》的相关规定，提出鼓励公交首末站与周边公共建筑结合设置的规划导向。

6 考虑本市部分区域土地资源紧张的现状，结合大量实际首末站、枢纽站的设置案例，增加新的用地选址情况。可利用城市立交高架、轨道桥下的空间安排首末站、枢纽站，但应做好交通组织优化。

3.2 设施与布置

3.2.1 结合09版《标准》、现行行业标准《城市道路公共交通站、场、厂工程设计规范》CJJ/T 15以及实际项目经验，本条文给出了首末站、枢纽站设计的具体内容，将设施配置分为四类：车辆运行设施、综合服务设施、公共配套设施、安全环保设施，同时进一步细化综合服务设施，包括管理用房、候车站台、信息标识、公众服务等模块；另外，本条文进一步明确了首末站、枢纽站设施的差异化设置要求。

3.2.3 首末站、枢纽站内进出车辆和行人流量大，在设计时应避免乘客、车辆流向冲突，同时最大限度地整合并节约土地、设施资源，分区布局须统筹安排、系统规划设计和建设。

3.2.4 对 09 版《标准》第 3.2.3 条进行了修改和补充：

1 供公交车辆运行的区域中将“回车道”修改为“行车区”，增加停车区、蓄车区以及新能源设施。

4 平面组成中增加“安全环保设施”区域，包括照明、监控、消防、绿化绿建及海绵城市等。

3.2.5 对 09 版《标准》第 3.1.4 条进行了修改和补充：考虑到公交车辆车型较大，对通道宽度以及转弯半径要求较高，出入口的设置应保证车辆顺畅进出。另外，出入口的设计标准调整为现行上海市工程建设规范《建筑工程交通设计及停车库（场）设置标准》DG/TJ 08—7。

3.3 用地标准

3.3.1 对应附录 A 中城市分区，对公交首末站、枢纽站等候发车区的规模进行细化，体现设施配置导向差异性。

1 一类区域

1） 发车位、蓄车位：公交服务水平较高，发车间隔短，候车需求较低，可配置 2 个等候发车泊位（停 1 蓄 1）。

2） 沿街长度：每条公交线路按 2 个等候发车泊位控制的规划用地沿街长度应包括行人入口、车行入口、公交车泊位，车行出口、线路调度室、行人出口等要素，合计最低不应小于 65 m（图 1）。

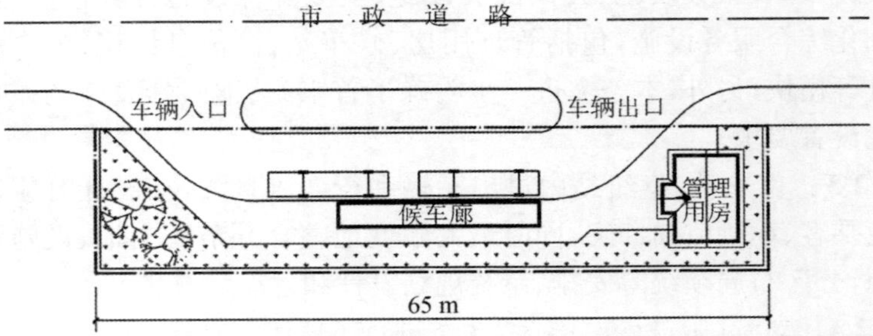

图 1　按 2 个等候发车泊位控制的规划用地沿街长度示意图

3）停车坪：中心城区域公交停车场、停保场覆盖水平高，车辆夜间应回场停放，枢纽站无需设置夜间停车坪。

2　二类区域

1）发车位、蓄车位：二类区域公交服务水平介于一类区域与三类区域之间，宜按 3 个等候发车泊位（停 1 蓄 2）进行控制，用地资源紧张区域公交首末站、枢纽站，可按一类区域配置标准进行设置。

2）沿街长度：每条公交线路按 3 个等候发车泊位控制的规划用地沿街长度应包括行人入口、车行入口、公交车泊位，车行出口、线路调度室、行人出口等要素，合计最低不应小于 80 m（图 2）。

3　三类区域

1）发车位、蓄车位：三类区域公交服务水平相对较低，公共汽电车发车间隔较长，故应按 3 个等候发车泊位（停 1 蓄 2）作为下限控制。

2）沿街长度：每条公交线路按 3 个等候发车泊位控制的规划用地沿街长度应包括行人入口、车行入口、公交车泊位，车行出口、线路调度室、行人出口等要素，合计最低不应小于 80 m。

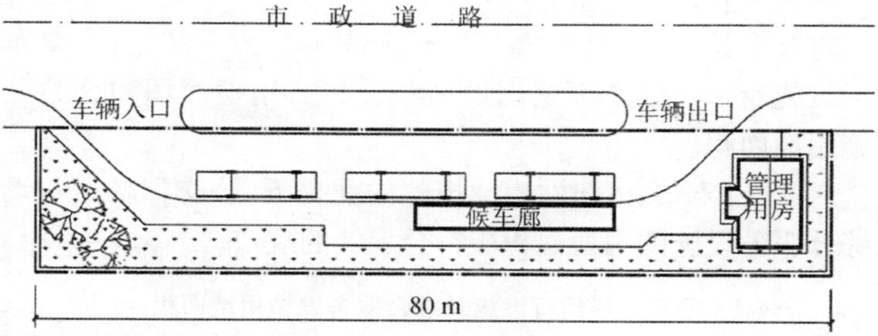

图 2　按 3 个等候发车泊位控制的规划用地沿街长度示意图

3）停车坪：本条针对枢纽站，增加公交车夜间停车坪的要求，结合区域因地制宜的设置，规模过大的停车坪不应作为枢纽站考虑，而应纳入公交停车场用地范畴。

3.3.2　结合设施配置要求，明确为公交车辆运行设施及综合服务设施的用地面积，新增夜间停车坪的用地标准。以土地集约化为导向，用地面积在 09《标准》第 3.2.4 条的基础上进一步优化集约。调整前的用地标准如表 1 所示。

表 1　公共汽车和电车首末站、枢纽站用地标准

站点线路规模	用地面积(m^2)		
	内环内	内外环间	外环外
1 条线路	800	1 000	1 000
2 条线路	1 500	1 800	2 000
3 条线路(含)以上	700×n	800×n	900×n

备注：1　以上站点建设规模标准表中 n 为站点线路条数，$n \geqslant 3$。
2　以上标准一般均为最低标准，具体占地面积可视地形作相应调整。
3　以上标准适用于新建城市地面常规公共汽车和电车首末站、枢纽站。
4　首末站、枢纽站的建设，若采用独立封闭式，根据其出口入布局宜另行增设建筑面积 10 m^2～15 m^2 的门卫用房。
5　以上标准不包括配建的公共厕所、社会车辆停车位(场)用地及出租车停车位用地。
6　绿化用地根据规划选址要求，另行增加。

本条文修订说明如下：

将首末站、枢纽站的规划用地面积拆分为三部分：公交车辆运行设施及综合服务设施用地面积、绿化、用地面积和公共配套设施用地面积。

1 在首末站、枢纽站用地规整的前提下，公交车辆运行设施及综合服务设施的用地面积应符合表 2 的规定。

表 2　公交车辆运行设施及综合服务设施用地面积(m^2)

<table>
<tr><th colspan="2">公交车辆运行设施及
综合服务设施用地面积</th><th>一类区域</th><th>二类区域</th><th>三类区域</th></tr>
<tr><td rowspan="3">1 条线路</td><td>无超车道/停 1 蓄 1</td><td>600</td><td colspan="2">/</td></tr>
<tr><td>设超车道/停 1 蓄 1</td><td colspan="2">800</td><td>/</td></tr>
<tr><td>设超车道/停 1 蓄 2</td><td colspan="3">900～1 000</td></tr>
<tr><td rowspan="2">2 条线路</td><td>设超车道/停 1 蓄 1</td><td colspan="2">1 400</td><td>/</td></tr>
<tr><td>设超车道/停 1 蓄 2</td><td colspan="3">1 600</td></tr>
<tr><td rowspan="2">3 条线路
(含)以上</td><td>设超车道/停 1 蓄 1</td><td colspan="2">$1\ 400+500\times(n-2)$</td><td>/</td></tr>
<tr><td>设超车道/停 1 蓄 2</td><td colspan="3">$1\ 600+700\times(n-2)$</td></tr>
</table>

注：1　无超车道：停车位 3.5 m，候车廊 2.5 m，建(构)筑物退界 3 m，规划用地纵向宽度最小为 9 m，面积 65 m×9 m＝585 m^2。

2　设超车道：行驶通道 3.5 m，停车位 3.5 m，候车廊 2.5 m，建(构)筑物退界 3 m，规划用地纵向宽度最小为 12.5 m；65 m×12.5 m＝812.5 m^2，80 m×12.5 m＝1 000 m^2。

3　新增线路：车位 15 m×2 个或 3 个、进出口约 10 m×2 个，50 m×9.5 m＝475 m^2，65 m×9.5 m＝617.5 m^2(管理用房增加)。

根据现行上海市工程建设规范《建筑工程交通设计及停车库(场)设置标准》DG/TJ 08—7 表 4.4.6-2 机动车停车库设计参数：垂直式后退停车的大客车最小单位停车面积为 62.7 m^2，考虑到公交车辆运营中 11 m 通道宽度在后退停车耗时较长，一般情况通道宽度均按 12 m 设计，另外考虑停车区进出口区域的分摊面积，停车坪用地最低按每辆标准车 70 m^2～80 m^2 进行控制。

2 绿化用地按照现行《上海市绿化行政许可审核若干规定》执

行，考虑绿化后的首末站、枢纽站用地面积应符合表 3 的规定。

表 3　公交车辆运行设施及综合服务设施及绿化用地面积(m^2)

公交车辆运行设施及综合服务设施用地面积		一类区域	二类区域	三类区域
1 条线路	无超车道/停 1 蓄 1	800	/	
	设超车道/停 1 蓄 1	1 100		/
	设超车道/停 1 蓄 2	1 200～1 300		
2 条线路	设超车道/停 1 蓄 1	1 800		/
	设超车道/停 1 蓄 2	2 200		
3 条线路(含)以上	设超车道/停 1 蓄 1	$1\ 800+700\times(n-2)$		/
	设超车道/停 1 蓄 2	$2\ 200+900\times(n-2)$		

注：上海市绿化和市容管理局《关于印发〈上海市绿化行政许可审核若干规定〉的通知》(2018 年 9 月 19 日)第十七条建设项目配套绿化比例规定：(八)交通设施、邮电设施、环卫设施、消防、防汛等市政类建设项目、宾馆类建设项目，在外环线以外不得低于百分之三十，在外环线以内不得低于百分之二十五。

3　机动车泊位、非机动车泊位以及出租车泊位等公共配套设施用地面积结合使用需求另行增加。

3.3.3　本条为新增条文。枢纽站在设置新能源设施时，需增设变配电站用房及其他附属设备，其用地面积应另行计算。

3.4　建设标准

3.4.1　结合本标准表 3.2.1，对 09 版《标准》进行了修改和补充：

1　调整出入口宽度。考虑到本标准中的公交车为 12 m 长车型，在结合现行行业标准《车库建筑设计规范》JGJ 100 第 2.1.10 条，将首末站、枢纽站出入口宽度的上限由 10 m 调整为 11 m，保障车辆运营需求。

3　调整等候发车数，结合区域划分，不同区域首末站、枢纽站中的发车位、蓄车位的差异化要求，明确至少应满足 2 辆车同时等候发车。停车泊位弹性控制，考虑到本市存在“最后一公里”接驳公交线路，实际运营车辆为 7 m 长轻型公交车型，因此车位在用地紧张情况下可结合实际运营车辆设置尺寸。明确超车道设置要求，考虑到建成项目中存在同站台设置前后公交线路情况，进一步明确超车道设置要求。

5 在 09 版《标准》第 4.2.4 条的基础上进行了修改，与现行行业标准《车库建筑设计规范》JGJ 100 第 4.2.5 条中大型客车最小净高 3.70 m 保持一致。

7 本款为新增条文。结合新能源充电公交车发展要求，枢纽站可结合需求设置补电、充电泊位，阐述了充电设施的具体内容，同时明确在满足规范要求基础上还应保证与人行区域相对隔离，保证安全。

3.4.2 结合本标准表 3.2.1，对 09 版《标准》进行了修改和补充：

1 本市首末站较少有封闭式设置情况，考虑到首末站用地较小，取消首末站在用地宽裕的条件下增设门卫的要求。

2 结合本市公交运营模式，含调度运营的管理用房将调度用房、行车人员休息室、机房设施、厕所合并设置，不宜小于 60 m^2；枢纽站较首末站增加部分功能，如储藏室、餐厅、男女厕所独立设置，建筑面积宜按 130 m^2 控制，每增加 1 条线路宜增加 20 m^2。

3 结合实际项目经验，细化管理用房的建筑标准。

5 结合现行行业标准《城市道路公共交通站、场、厂工程设计规范》CJJ/T 15 中第 2.1.12 条，增加站台高出地面设置要求、乘客休息座椅设置要求以及无障碍设施设置要求。

3.4.4 进一步明确监控、消防、绿化、绿建及海绵城市的具体要求。

4 停车场、停保场

4.1 功能与选址

4.1.1～4.1.2 此两条明确了公交停车场、公交停保场的主要功能，结合本市公交实际运营情况，新增了新能源充电公交车停车充电设施要求。

4.1.3 本条文根据本市公交停车场建设与发展现状，对08版《标准》中停车场的布局原则进行调整。将“场前设施、停车设施、生产及辅助设施、业务与生活性建筑、其他设施”调整为“停车设施、生产辅助设施、运营生活设施、安全环保设施”。

1 停车设施根据本市集约化用地发展要求，提出停车场可与首末站、枢纽站合建的规划导向。

2 一类、二类区域位于城市开发边界范围内，公交停车场、停保场布局已基本形成。未来区域内轨道交通站点覆盖面积将不断提升，地面公交线网结构将面临优化调整，08版《标准》明确的停车场、停保场布局原则已不再适用，应以满足服务半径为主要原则。结合区域停车场、停保场现状布局及实际服务半径，宜控制在2 km～5 km之间。

3 三类区域仍为公共汽电车线网重点加密区域，公交线网方向性较强，故仍沿用08版《标准》中确定的选址原则，区域性线网重心处是指距其服务分区所属各条线路均较近的位置。

5 考虑集约用地及本市停保场实际建设经验，原则上不宜单独设置100个标准车规模以上公交停车场。

4.1.4 车辆保养功能已与停车场一并考虑，故其选址原则可直接参照停车场选址原则，不再单独阐述。但考虑保养功能会对周边居住小区等造成影响，仍沿用现行行业标准《城市道路公共交通站、场、厂工程设计规范》CJJ/T 15 第 4.1.6 条中涉及环境影响的相关要求。

4.2 设施与布置

4.2.1 以 08 版《标准》第 4.2.4 条为基础，结合现行行业标准《车库建筑设计规范》JGJ 100 以及本市项目经验，更新并补充新能源、信息化等内容，并对设施相关的设计要求进行了梳理汇总。

1 停车设施：新增充电设备。

2 生产辅助设施：新增新能源充电变配电、油气站等设施。

3 运营生活设施：新增智能信息平台、调度中心（总调度、区域调度）、机动车泊位等设施。

4 安全环保设施：在绿化、消防设施基础上，新增照明、安防、绿色建筑、海绵城市等内容。

4.2.4 在工艺流程上结合新能源充电公交车的特点进行针对性的设计补充。

4.2.5 结合设施配置调整功能分区，取消“场前区”，将功能分区归并为“停车区、生产区、生活区”。

1 停车区：结合本市实际项目经验，在现行行业标准《城市道路公共交通站、场、厂工程设计规范》CJJ/T 15 第 3.5.4 条的基础上删除“升降机、车辆转盘”，增加“充电设备”。

2 生产区：结合本市项目经验，明确保修工间的分类、建设形式及设施内容。

3 生活区：明确生活区的布局组成内容，同时提出建筑设计应与所在街景的美学特点相谐和。

4.2.6 新增停车场、停保场出入口设计应符合现行上海市工程建设规范《建筑工程交通设计及停车库（场）设置标准》DG/TJ 08—7

的相关规定和要求。

4.3 用地标准

4.3.1 本条文明确停车场、停保场用地的基本原则，应确保场内公交运营合理有序。

4.3.2 本条为新增条文。根据本市节约集约用地发展原则，对停车场、停保场建设形式作出引导，将现行行业标准《城市道路公共交通站、场、厂工程设计规范》CJJ/T 15 中的在用地紧张的城市，停车场可向空间或向地下发展调整为鼓励停车场的立体化建设，提高土地利用效率。

1 一类、二类区域土地资源紧张，公交营运车辆规模较大，应从严控制设施用地规模，建设多层停车库；其中，二类区域近期公交停车需求较小或建设多层车库必要性不足的，可以先按平面停车建设，远期进行立体化改造。高层停保场的建设成本、技术要求与多层停车库存在较大差异，应进行必要性分析，并通过相关部门组织的安全、技术论证。

2 在满足运营要求的前提下，综合生产辅助设施、运营生活设施等也可立体开发，进一步集约、高效利用土地。

4.3.3 此条文修订说明如下：

1～4 08 版《标准》仅对平面停车场、停保场的用地标准进行控制，难以指导立体化建设。本条文针对停车场、停保场的用地标准进行细化，结合实际建设项目案例，细化不同建设形式的用地要求，考虑绿化用地为不再单列，计入单车用地指标中，同时明确立体式开发项目规划用地的长宽要求。

本条文以集约节约用地为原则，结合实际案例，对 08 版《标准》用地标准进行减量优化：

(1) 停车场：08 版《标准》中“不包括绿化的用地面积宜为 150 m^2/标准车”，本条文修改为“平面式停车场用地面积宜按

120 m²～150 m²/标准车确定"，"立体式停车场用地面积宜按 70 m²～90 m²/标准车确定"。

(2) 停保场：08 版《标准》中"不包括绿化的停保场用地不高于 250 m²/标准车"，本条文修改为"平面式停保场用地面积宜按 150 m²～200 m²/标准车确定"，"立体式停保场用地面积宜按 90 m²～120 m²/标准车确定"。

(3) 立体化建设：结合项目建设经验，考虑到部分规划停车场、停保场用地为三角形或狭长形，无法设置立体车库；为提高土地利用效率，提高立体开发可行性，确定立体式停车场规划用地的长度不宜小于 150 m，宽度不宜小于 80 m；立体式停保场规划用地的长度不宜小于 150 m，宽度不宜小于 90 m。

另外，本条文将用地规模调整为区间范围值，对不同开发强度或不同规模的用地标准差异化：

(1) 平面式：停车规模＜100 个标准车时，应取用地标准上限；当停车规模≥400 个标准车时，应取用地标准下限(表 4)。

表 4　平面式停车场、停保场单车用地标准

平面式单车用地标准	＜100 个	100 个≤规模＜200 个	200 个≤规模＜300 个	300 个≤规模＜400 个	≥400 个
停车场(m²)	150	140	130	125	120
停保场(m²)	200	185	170	160	150

(2) 立体式：建设 1 层停车库的用地标准应按上限进行控制；建设 4 层停车库的用地标准应按下限进行控制；建设 2 层～3 层停车库的用地标准应按中值进行控制(表 5)。

表 5　立体式停车场、停保场单车用地标准

立体式单车用地标准	建 1 停 2	建 2 停 3	建 3 停 4	建 4 停 5
停车场(m²)	90	80	75	70
停车场(m²)	120	110	100	90

5 部分场站用地由于规划限制，场地不规整，可结合具体情况，增加标准车的单车用地指标，调增用地总量。

4.4 建设标准

4.4.1 对08版《标准》第5.0.2条进行修改，明确建筑设施总体要求，要确保更好地服务于公交运营。

4.4.2 细化停车设施内容：

1 明确停车坪的建筑设计应同时满足国家规范和上海地方标准。

3 在现行行业标准《城市道路公共交通站、场、厂工程设计规范》CJJ/T 15第3.5.5条的基础上，增加保证一次进出停车位的要求；另外，补充规定了立体停车区标准车的单车建筑面积上限。

6 以08版《标准》第6.2.6条为基础，结合现行行业标准《车库建筑设计规范》JGJ 100中第4.2.10条进行更新，降低坡道纵坡的上限值。

8 在08版《标准》第4.2.4条的基础上进行修改，与现行行业标准《车库建筑设计规范》JGJ 100中第4.2.5条大型客车最小净高3.70 m保持一致。

11 增加了试车跑道的设计指标，宽度及长度的最低设计要求。

13 新增条文。增加了新能源充电设施的具体配置内容以及设计要求。

4.4.3 在08版《标准》第6.3、6.4节的基础上对生产辅助设施的建设标准进行了补充和修改：

1 补充了新能源充电公交车的保养和小修作业要求。对维修工位、修车地沟的建筑要求描述内容进行了合并简化。

2 明确了保修厂房、辅助车间的具体构成以及车辆维修、保养设施的建设要求。

5 结合现行行业标准《城市道路公共交通站、场、厂工程设计规范》CJJ/T 15 第 3.4.12 条，对油气站的设置要求进行了补充。

4.4.4 在 08 版《标准》第 6.6 节及第 10 章节的基础上对运营生活设施的建设标准进行了补充和修改：

1 参考现行行业标准《车库建筑设计规范》JGJ 100 中第 6 章，补充了调度中心的分类以及建设标准。

3 补充了机动车泊位、非机动车泊位设置标准。

4.2.5 在 08 版《标准》第 7～9 章的基础上，对安全环保设施的建设标准进行了补充和修改：

2 对智能信息化系统的规定进行了精简整合。

4 结合本市项目实际建设经验，修订绿化率控制要求，应满足行业管理部门规定。

5 停车场、停保场在设计时，应减少对周边环境的影响。

7 结合本市项目实际报建经验，新增绿建及海绵城市的要求。